4 Janvier 1638

DECLARATION
DV ROY, PORTANT
CONFIRMATION DES PRIVI-

leges attribuez aux Officiers domestiques &
Commençaux de la Maison du Roy & de la
Reyne, employez & compris és Estats enuoyez
& reçeus en la Cour des Aydes.

5 aoust 1636.

*Veriffiée en la Cour des Aydes
le 4. Ianuier 1638.*

A PARIS,

Par PIERRE ROCOLET, P. METTAYER, &
A. ESTIENE, Imprimeurs ordinaires du Roy.

*Au Palais, en la Gallerie des Prisonniers, aux Armes
du Roy & de la Ville.*

M. DC. XXXVIII.

Auec Priuilege de sa Majesté.

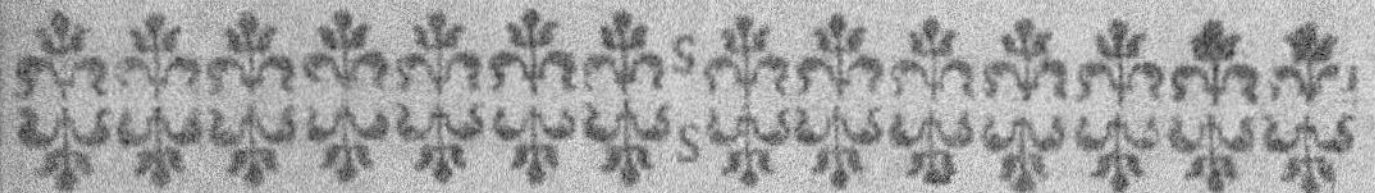

OVYS par la grace de Dieu, Roy de France & de Nauarre; A tous ceux qu i ces presentes Lettres verront; Salut. Combien que nous ayons assez fait cognoistre par diuers nos Edicts, Declarations & Arrests, ce qui estoit de nostre intention sur les Priuileges & Exemptions de nos Officiers domestiques & Comméçaux, & de ceux de la Reyne nostre tres-chere & tres-amée Espouse & Compagne, non seulement en ce qui regarde les Tailles & impositions de deniers, mais aussi pour les droicts qui se prennent sur le Vin, vendu en gros & détail, & autres choses. Neantmoins la pluspart d'eux y estans tous les jours troublez par les Fermiers generaux ou particuliers de nos Villes, Bourgs, Bu-

A ij

reaux & paſſages, leſquels veulent exiger
d'eux certains droicts de petite pinte, huitiéme, quatriéme ſoucher, traicte foraine,
peage & paſſage des Vins, & autres choſes
de leur creu, qu'ils vendent ou font vendre
hors de leurs maiſons: Ils ont eu de nouueau recours à Nous pour leur eſtre ſur ce
pourueu de nos Lettres neceſſaires, humblement requerant icelles. POVR CES
CAVSES, & autres bonnes conſiderations
à ce Nous mouuans, deſirans ſubuenir auſdits expoſans en cét endroit, & les traic-
ter le plus fauorablement qu'il Nous ſera poſſible, en conſideration des bons &
fideles ſeruices qu'ils Nous rendent chacun jour, & à ladite Dame Reyne, auec
beaucoup de deſpenſe & d'incommodité:
DE L'ADVIS de noſtre Conſeil, & de
noſtre grace ſpecialle, plaine puiſſance &
authorité Royale, Nous auons en confirmant tous & chacuns les priuileges par
Nous & nos predeceſſeurs Roys a eux cy-
deuant accordez, par nos Edicts, Declarations & Arreſts donnez en leur faueur, ſoit

en general ou en particulier, mesmes nos
Lettres de confirmatiõ du mois de Decẽ-
bre mil six cens vnze; & en nous expliquãt
sur iceux, dit & declaré, disons & declarõs
par ces presentes, signées de nostre main,
que nostre vouloir & intention à toûjours
esté, comme il est encore à present, que
tous nosdits Officiers domestiques & Cõ-
mençaux, ceux de ladite Dame Reyne, &
leurs veufues, pendans leur viduité, soient
& demeurent exempts & déchargez, comme Nous les exemptons & déchargeons
de nouueau par cesdites presentes, du payement des susdits droicts de petite pinte,
ou autrement courte pinte, huictiéme &
quatriéme souchet, & traicte foraine, peage, & passage de leurs Vins, ancien subcide
de cinq sols pour muid de l'entrée d'i-
ceux, & autres choses prouenans de leur
creu, soit qu'ils soient vendus & debitez en
gros ou detail en leurs maisons, ou qu'ils
les fassent transporter ailleurs ou bon leur
semblera au dedans de nostre Royaume,
& terres de nostre obeïssance, sans qu'à

l'aduenir ils en puiſſent eſtre recherchez, inquietez, ny pourſuiuis en quelque ſorte & maniere que ce ſoit : Ce que Nous deſfendons tres-expreſſément auſdits Fermiers, Sous-fermiers, leurs Aſſociez, Receueurs ou Commis, Maiſtres des Ports, & Iuges des traictes & Impoſitions foraines, reapreciations d'icelles, & nouuelles impoſitions, & à tous autres, ſur peine d'amande, & de tous deſpens, dommages & intereſts. Voulons & entendons que les Officiers de ladite Dame Reyne, noſtre tres-chere & tres-amée Eſpouſe & Compagne, jouyſſent ſemblablemét de tous & chacuns les priuileges, frãchiſes, & libertez, par Nous cy-deuant accordez à noſditsOfficiers par les ſuſdits Edicts, Declarations, confirmations & Arreſts, encores qu'ils n'y ſoient particulierement compris & nommez, dont Nous les auons releuez & diſpenſez, releuons & diſpenſons par ceſdites preſentes. SI DONNONS EN MANDEMENT à nos amez & feaux Conſeillers les gens tenans noſtre Cour

des Aydes à Paris, Presidens, Esleus &
Controolleurs sur le faict de nosdites Aydes & Tailles, & autres nos Iusticiers & Officiers qu'il appartiendra, que ces presentes ils fassent enregistrer, & du contenu en
icelles jouyr & vser nosdits Officiers domestiques & Commençaux, ceux de ladite
Dame Reyne, & leurs veufues, pendant
leur viduité, plainement & paisiblement,
cessans & faisans cesser tous troubles &
empeschemens, nonobstant tous Edicts,
Ordonnances, Arrests, Reglemens, & Lettres à ce contraires, ausquels pour ce regard, & sans y prejudicier en autres choses, Nous auons derogé & derogeons par
cesdites presentes, & à la derogatoire de
la derogatoire y contenuë; Car tel est nostre plaisir. En témoin dequoy Nous auons
à icelles fait mettre nostre scel. Donné à
Paris le cinquiéme jour d'Aoust, l'an de
grace mil six cens trente-six, & de nostre
grace le vingt-septiéme. Signé, LOVYS.
Et sur le reply, Par le Roy, DE LOMENIE.
Et scellé du grand sceau de cire jaune.

Extraict des Registres de la Cour des Aydes.

VEV par la Cour les Lettres Patentes du Roy, données à Paris le cinquiéme jour d'Aouſt, mil ſix cens trente-
ſix. Signées, LOVYS. Et ſur le reply, Par
le Roy, DELOMENIE. Scellées ſur ſimple
queuë du grand ſceau de cire jaune. Par
leſquelles, & pour les cauſes y contenuës,
ſa Majeſté en confirmant à ſes Officiers
domeſtiques & Commençaux, ceux de la
Reyne ſon Eſpouſe & Compagne, tous &
chacuns les Priuileges par ſadite Majeſté
& ſucceſſeurs Roys, & à eux cy deuant accordez par ſes Edicts, Declarations, & Arreſts dõnez en leur faueur, ſoit en general
ou en particulier, meſmes les Lettres de
confirmation du mois de Decembre, mil
ſix cens vnze : & en s'expliquât ſur iceux,
auroit dit & declaré, que ſon vouloir & intention auoit toûjours eſté, cõme il eſtoit
encores

encores à present : Que tous sesdits Officiers, domestiques & Commençaux, ceux
de ladite Dame Reyne & leurs veufues,
pendant leur viduité, soient & demeurent
exempts & déchargez de nouueau, du payement desdits droicts de petite pinte, ou
autrement courte-pinte, huictiéme & quatriéme souchet, & traicte foraine, peage &
passage de leurs Vins, ancien subcide de
cinq sols pour muid de l'entrée d'iceux, &
autres choses prouenans de leur creu, soit
qu'ils soient vendus & debitez en gros ou
detail en leurs maisons, ou qu'ils les facent
transporter ailleurs où bon leur sembleroit au dedans de son Royaume & terre
de son obeissance, sans qu'à l'aduenir ils
en puissent estre recherchez, inquietez, ny
poursuiuis, en quelque sorte que ce soit :
Deffendant tres-expressément aux Fermiers, Sous-fermiers, leurs Associez, Receueurs, ou Commis, Maistres des Ports, &
Iuges des traictes & impositions Foraines,
reapreciation d'icelles, & nouuelles impositions, & à tous autres, sur peine d'amen-

de, & de tous defpens, dommages & in e-
refts. V E V T fadite Majefté que les Officiers de ladite Dame Reyne jouyffent fé-
blablement de tous & chacuns les priuileges, franchifes, libertez cy-deuant accordez à fefdits Officiers par les fufdits Edicts,
Declarations, Confirmations, & Arrefts,
encores qu'ils n'y foient particulierement
compris & nommez, dont fadite Majefté
les a releuez & difpenfez, ainfi que plus au
long le contiennent lefdites Lettres à ladite Cour addreffantes, pour l'enregiftrement & verification d'icelles. V E v lefdits
Edicts, Declarations, & Arrefts, Conclu-
fions du Procureur general : Le tout con-
fideré ; L A C O V R a ordonné & ordonne lefdites Lettres eftre regiftrées
au Greffe d'icelle, pour jouyr par lefdits
Officiers & Commençaux de la Mai-
fon du Roy & de la Reyne, qui fe trou-
ueront couchez & employez dans les Ef-
tats enuoyez & receus en ladite Cour, de
l'effet y contenu, ainfi que font les Nobles
& Ecclefiaftiques de ce Royaume, fans

qu'ils puissent pretendre aucune exemption du droict de courte-pinte , ny de
toutes autres leuées de deniers qui se feront esdites Villes de ce Royaume , pour
les reparations des chemins , Ponts &
Chaussées , Maisons de la Santé qu'il sera
besoin de construire pour la commodité
d'icelles, & autres leuées de pareille nature. Prononcé le cinquiéme jour de Septembre, mil six cens trente-six.

    Signé,   BOVCHER.

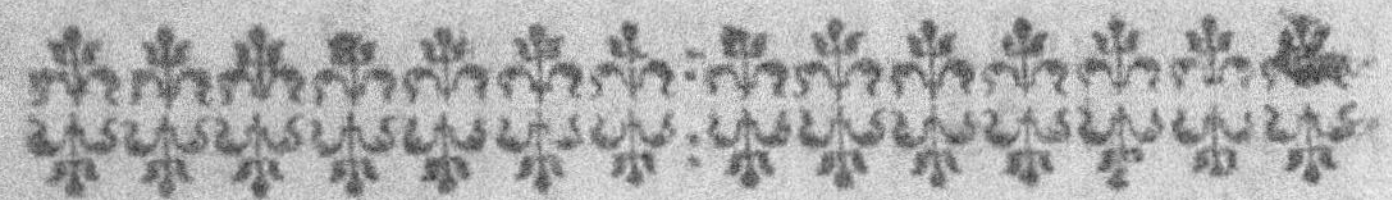

PREMIERE IVSSION.

OVYS par la grace de Dieu,
Roy de France & de Nauarre;
A nos amez & feaux Conseillers les gens tenans nostre Cour
des Aydes à Paris; Salut. Comme c'est vne
des choses que nous auons le plus à cœur
que de recognoistre & recompenser les

bons & fideles feruices que nous rendent
chacun jour nos Officiers domeſtiques &
Commençaux , Nous leur auons à cette
fin concedé diuers priuileges & exemptions , & meſmes par nos Lettres de Declaration du cinquiéme jour d'Aouſt
dernier, Nous les aurions entr'autres choſes de nouueau exemptez & deſchargez
auec ceux de la Royne noſtre tres-chere
& tres-amée Eſpouſe & Compagne , du
payement des droicts de petite pinte, ou
autremét courte-pinte , huictiéme & quatriéme ſouchet, & traicte foraine, peage, &
paſſage de leurs Vins, ancien ſubcide de
cinq ſols pour muid de l'entrée d'iceux,
& autres choſes prouenans de leur creu,
ainſi que plus au long le contiennent leſdites Lettres ; Leſquelles vous ayans eſté
preſentées, au lieu de les faire enregiſtrer
purement , vous auriez par voſtre Arreſt
du cinquiéme de ce mois, ordonné qu'elles ſeroient enregiſtrées , pour jouyr par
les ſuſdits Officiers de l'effet y contenu,
tout ainſi que font les Nobles & Eccleſia-

stiques de ce Royaume, sans qu'ils puissent pretendre aucune exemption du susdit droict de courte-pinte, ny de toutes
autres leuées de deniers qui se feront és
Villes de ce Royaume, pour les reparations des Chemins, Ponts, & Chaussées,
Maisons de la Santé, & autres leuées de
pareille nature. Et d'autant que ces restrin-
ctions sont directement contraires à nostre intention, & mesmes que les priuileges de nosdits Officiers n'ayans jamais
eu rien de commun auec ceux des Ecclesiastiques & Nobles, il est hors de propos
de les referer les vns aux autres; Comme
aussi pour ce qui regarde ledit droict de
courte-pinte, c'est chose déja jugée par
vos propres Arrests. C'est pourquoy lesdits
Officiers nous ont tres-humblemét suplié
& requis, de leur pouruoir de nos Lettres
sur ce necessaires. A CES CAVSES,
& autres bonnes considerations à ce Nous
mouuans, desirans leur subuenir en cét endroit, & les maintenir en la jouyssance de
leursdits priuileges, Nous voulons, vous

mandons , & tres-expreſſément enjói-
gnons par ces preſentes, ſignées de noſtre
main, que vous ayez à proceder à l'enregiſtrement de nos ſuſdites Lettres de Declaration du cinquiéme jour d'Aouſt dernier , purement & ſimplement , & faire
jouyr noſdits Officiers domeſtiques , &
ceux de ladite Dame Reyne, de l'effet &
contenu en icelles , ſelon leur forme & teneur, ſans aucune modiſſication , reſtrinction, clauſe, condition, ny difficulté quelconque , nonobſtant voſtredit Arreſt , les
cauſes motiues d'iceluy , & toutes autres
choſes à ce contraires, & ſans attendre de
Nous autre plus exprés commandement
que ces preſentes, qui vous ſeruiront de
premiere & finalle Iuſſion ; Car tel eſt noſtre plaiſir. Donné à Senlis le ſeiziéme
jour de Septembre , l'an de grace mil ſix
cens trente-ſix, & de noſtre regne le vingt-
ſeptiéme. Signé, LOVYS. Et plus bas,
Par le Roy, BOVTHILLIER. Et ſcel-
lée ſur ſimple queuë du grand ſeau de cire jaune.

Extraict des Registres de la Cour des Aydes.

VEV par la Cour les Lettres Patentes du Roy en forme de Iussion,
données à Senlis le seiziéme Septembre
mil six cens trente-six. Signées, LOVYS.
Et plus bas, Par le Roy, BOVTHILLIER.
Scellées sur simple queuë du grand sceau
de cire jaune. Par lesquelles sa Majesté
auroit mandé à ladite Cour, que nonobstant son Arrest du cinquiéme dudit mois,
les causes motiues d'iceluy, & toutes autres choses à ce contraires, elle ayt à proceder à l'enregistrement de ses Lettres en
forme de Declaratiõ du cinquiéme Aoust
audit an, purement & simplement, sans attendre vn plus exprés commandement
qui seruiroit de finalle Iussion : Veu ladite
Declaration, par laquelle sadite Majesté
en confirmant tous & chacuns les priuile.

ges par elle & ſes Predeceſſeurs Roys, cy-
deuant accordez à ſes Officiers domeſtiques & Commençaux, meſmes les Lettres de confirmation d'iceux, du mois de
Decembre mil ſix cens vnze; & en l'expliquant, par iceux auroit dit & declaré, que
ſon intention & volonté a toûjours eſté,
& eſtoit encores, que tous ſeſdits Officiers,
ceux de la Reyne ſon Eſpouſe, & leurs
veufues, pendant leur viduité, ſoient & demeurent exempts des droicts de courte-
pinte, huitiéme & quatriéme ſouchet, &
traicte foraine, peage & paſſage de leurs
Vins, ancien ſubcide de cinq ſols pour
muid d'entrée, & autres choſes prouenans
de leur cren, ſoit qu'il ſoit vendu en gros
ou en détail en leurs maiſons, ou qu'ils le
facent tranſporter au dedans du Royaume, ainſi que plus au long eſt contenu par
leſdites Lettres de Declaration, attachées
ſous le contre ſel. Veu autres Lettres de
confirmation deſdits Priuileges, des mois
de Decembre mil ſix cens vnze, & vingt
Iuillet, mil ſix cens douze, enſemble les
Arreſts

Arrests de la Cour interuenus sur la veriffication d'icelles, des quatre Ianuier &
quatorze Decembre ensuiuant, & autres
pieces attachées à icelles: Conclusions du
Procureur general: Le tout consideré, La
Covr a ordonné & ordonne, que tres-
humbles Remonstrances seront faites au
Roy, sur l'importance des Priuileges accordez ausdits Officiers par lesdites Lettres. Prononcé le vingt-quatriéme jour
de Septembre, mil six cens trente-sept.
   Signé,   BOVCHER.

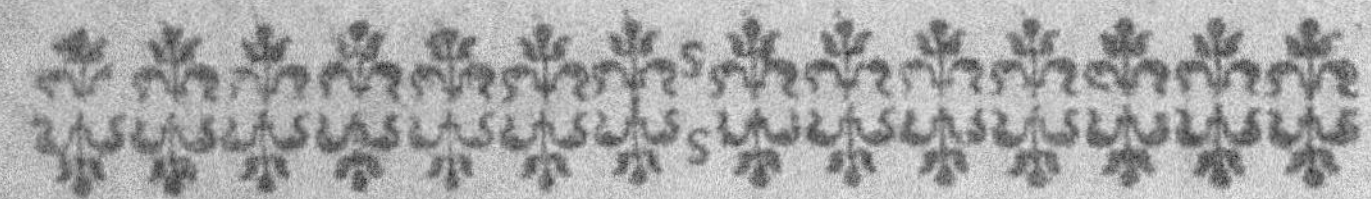

SECONDE IVSSION.

OVYS par la grace de Dieu,
Roy de France & de Nauarre; A
nos amez & feaux Conseillers les
gens tenans nostre Cour des Aydes à Paris; Salut. Encores que Nous vous
ayons assez fait cognoistre, tant par nos

C

Lettres de Declaration du cinquiéme
d'Aouſt, mil ſix cens trente-ſix, que celles
de Iuſſion du ſeiziéme Septembre enſuiuant, ce qui eſtoit de noſtre volonté & intention, pour faire jouyr nos Officiers domeſtiques & Commençaux, & ceux de la
Reyne noſtre tres-chere & tres-amée Eſpouſe & Compagne, d'aucuns Priuileges
& exemptions à plain declarez par leſdites Lettres : Vous auriez par voſtre Arreſt
du vingt-quatriéme Septembre dernier,
interuenu ſur noſdites Lettres de Iuſſion,
ordonné que tres-humbles Remonſtráces
Nous ſeroient faites ſur l'importance deſdits Priuileges : Ce qui ayant eſté pris par
leſdits Officiers pour vn refus, ils ont eu
encores recours à Nous, pour leur eſtre
ſur ce de nouueau pourueu de nos Lettres neceſſaires, humblement requerant
icelles. A CES CAVSES, & autres bonnes conſiderations à ce Nous mouuans,
deſirans ſubuenir auſdits Officiers en cét
endroit, & les traiéter le plus fauorablement qu'il Nous ſera poſſible, en conſide-

ration des bons & fideles seruices qu'ils
Nous rendent chacün jour, & à ladite Dame Reyne, & pour leur donner plus de
moyen & de volonté de les continüer à
l'aduenir : Nous voulons, vous mandons,
& tres-expressément enjoignons par ces
presentes, signées de nostre main, que
sans vous arrester ausdites Remonstrances, que Nous tenons pour faites & en-
tendües, vous ayez à proceder tout incontinent à la verification & enregistrement
de nos susdites Lettres de Declaration du
cinquiéme Aoust, selon leur forme & teneur, sans y apporter dauantage de longueur, ny aucune restrinction, modification, ny difficulté quelconque, nonobstant
vostre susdit Arrest, les causes motiues d'i-
celuy, & toutes autres choses à ce contraires, & sans attendre de Nous autre plus exprés commandement que ces presentes,
que Nous voulons vous seruit de finale
& derniere Iussion ; Enjoignans à nostre
Procureur general de faire toutes les diligences & requisitions pour ce necessai-

C ij

res, tenir la main à ce qui eſt en cela de
l'entiere execution de noſtre volonté, &
Nous tenir aduertis du bon deuoir dont il
y aura eſté vſé : Car tel eſt noſtre plaiſir.
Donné à S. Maur des Foſſez le ſeptiéme
jour d'Octobre, l'an de grace mil ſix cens
trente-ſept. Et de noſtre regne le vingt-
huitiéme. Signé, LOVYS. Et plus bas,
Par le Roy, DELOMENIE. Et ſellées
ſur double queuë de cire jaune.

Extraict des Regiſtres de la Cour.
des Aydes.

VEv par la Cour les Lettres Patentes
du Roy, données à Paris le cinquiéme jour d'Aouſt, mil ſix cens trente-ſix.
Signées, LOVYS. Et ſur le reply, Par le
Roy, DELOMENIE. Et ſellées ſur double queuë de cire jaune. Par leſquelles
pour les cauſes y contenuës, en confirmant à ſes Officiers domeſtiques & Com-

mençaux, à ceux de la Reyne son Espouse
& Compagne, tous & chacuns les Priuileges par sa Majesté , & ses Predecesseurs
Roys , a eux cy-deuant accordez par ses
Edicts, Declarations, & Arrests donnez en
leur faueur, soit en general ou en particulier , mesmes ses Lettres de confirmation
du mois de Decembre , mil six cens vnze ;
& en expliquant iceux , auroit dit & declaré , que son vouloir & intention auoit
toûjours esté, comme il estoit encores lors
que sesdits Officiers domestiques & Commençaux, & ceux de ladite Dame Reyne,
& leurs veufues, pendant leur viduité, soiët
& demeurent exempts & déchargez du
payement des droicts de petite pinte , ou
autrement courte-pinte, huitiéme & quatriéme souchet , & traicte foraine , peage
& passage de leurs Vins , ancien subcide
de cinq sols pour muid de l'entrée d'i-
ceux , & autres choses prouenans de leur
creu , soit qu'ils soient vendus & débitez
en gros ou détail en leurs maisõs, ou qu'ils
les facent transporter ailleurs où bon leur

sembleroit, au dedans de ce Royaume, &
terres de son obeiſſance , ſans pouuoir
eſtre recherchez ou inquietez à l'aduenir : Et outre, que leſdits Officiers de ladite Dame Reyne jouyſſent ſemblablement deſdits Priuileges , franchiſes , & libertez, encores qu'ils ne ſoient particulierement compris eſdits Edicts , Declarations, & Arreſts , dont ſadite Majeſté les
auroit diſpenſez par leſdites Lettres , ainſi
qu'il eſt plus au long contenu en icelles:
Arreſt de ladite Cour du cinquiéme Septembre audit an , mil ſix cens trente-ſix,
par lequel auroit eſté ordonné , que leſdites Lettres ſeroient regiſtrées au Greffe
d'icelle, pour jouyr par leſdits Officiers &
Commençaux de la Maiſon du Roy & de
la Reyne, qui ſe trouueroient couchez &
employez és Eſtats enuoyez & receus en
ladite Cour, de l'effet y contenu, ainſi que
font les Nobles & Eccleſiaſtiques de ce
Royaume , ſans qu'ils puiſſent pretendre
aucune exemption du droict de courte-
pinte , ny de toutes les autres leuées de

deniers qui se ferôt és Villes de ce Royaume , pour les reparations des chemins,
Ponts, & Chaussées, Maisons de la Santé
qu'il soit besoin de construire pour la cō-
modité d'icelles, & autres leuées de pareille nature : Autres Lettres Patentes du
Roy, données à Senlis le seiziéme Septē-
bre, mil six cēs trēte-sept. Signées, LOVYS.
Et plus bas, Par le Roy, BOVTHILLIER, &
sellées de cire jaune sur simple queüe : Por-
tant Iussion & mandement à ladite Cour,
de proceder à l'enregistrement desdites
Lettres du cinquiéme Aoust , mil six cens
trente-six, purement & simplement, & faire jouyr lesdits Officiers de l'effet y contenu, sans aucune modification, restrinction, clause, condition, ny difficulté, nonobstant ledit Arrest, les causes motiues d'i-
celuy, & autres choses à ce contraires, sans
attédre de sadite Majestéautre plus exprés
commandement que lesdites Lettres , qui
seruiroient de premiere & finale Iussion.
Autre Arrest de ladite Cour du vingt-quatriéme dudit mois de Septembre , par le-

quel elle auroit ordonné, que Remonstrances seroient faites au Roy sur l'importance des Priuileges accordez ausdits Officiers par lesdites Lettres. Autres Lettres Patentes de sa Majesté, données à S. Maur des Fossez le septiéme jour d'Octobre dernier. Signées, LOVYS. Et plus bas, Par le Roy, DELOMENIE, & sellées sur simple queuë de cire jaune: Par lesquelles sadite Majesté veut, & tres-expressément enjoinct à ladite Cour, que sans s'arrester à ses Remonstrances, qu'elle tient pour faites & entenduës, elle eust à proceder tout incontinent à la veriffication & enregistrement desdites Lettres & Declaration du cinquiéme Aoust, mil six cens trente-six, selon leur forme & teneur, sans y apporter d'auantage de longueur, ny aucune restrinction, modiffication, ny difficulté quelconque, nonobstant ledit Arrest, les causes motiues d'iceluy, & toutes autres choses à ce contraires, & sans attendre de sadite Majesté autre plus exprés commandement que lesdites Lettres,

qu'elle

qu'elle veut seruir de finale & derniere Iuſſion. Veu auſſi les Lettres, Declarations, & Arreſts, Conclusions du Procureur general du Roy : Et tout conſideré ; L A C o v R dit qu'elle ne peut ſe départir de ſes Arreſts des cinquiéme Septembre, mil ſix cens trente ſix, & vingt quatriéme Septembre, mil ſix cens trente-ſept. Prononcé le vingt-ſeptiéme jour d'Octobre, mil ſix cens trente-ſept.

Signé,   BOVCHER.

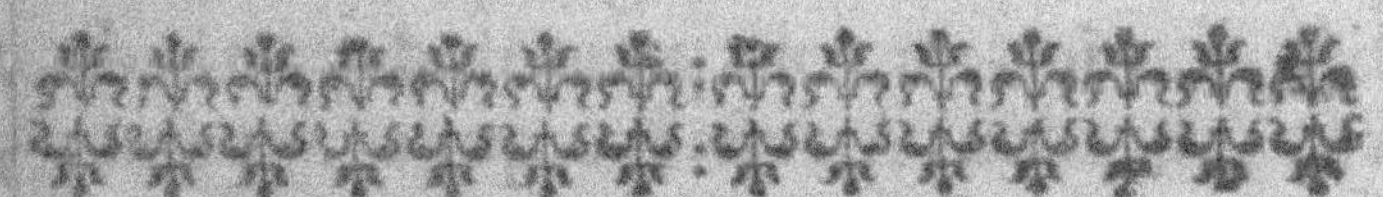

TROISIEME IVSSION.

LOVYS par la grace de Dieu, Roy de France & de Nauarre, A nos amez & feaux Conſeillers les gens tenans noſtre Cour des Aydes à Paris, Salut. Nous eſtimions vous auoir aſſez fait expreſſément entendre par deux diuerſes Lettres de Iuſſion,

D

ce qui estoit de nostre vouloir & intenti-
sur l'enregistrement de nos Lettres de
Declaration du cinquiéme Aoust, de l'an-
née derniere, concernant aucuns priuileges & exemptions de nos Officiers domestiques & Comméçaux, & ceux de la Reyne nostre tres-chere & tres-amée Espouse
& Compagne : Neantmoins sans faire la
consideration que vous deuiez au contenu de nosdites Lettres, vous auriez dans la
continüation de vos modifications dit,
par vostre Arrest du vingt-septiéme Octobre dernier, ne vous pouuoir départir de
vos precedens Arrests ; ce qui ayant lieu,
seroit priuer lesdits Officiers de l'effet &
vtilité de nosdites Lettres. Et d'autant que
nostre intention est qu'elles ayent lieu, &
sortent leur effet : A CES CAVSES
Nous voulons , vous mandons , & tres-
expressément enjoignons par ces presentes , signées de nostre main , & cette fois
pour toutes, que vous ayez à proceder in-
cessamment à la publication & enregistrement de nos susdites Lettres de Declara-

tion, selon leur forme & teneur, sans plus y
apporter de longueur, difficulté, modiffication, ny restrinction quelconques, nonobstant vosdits Arrests, les causes motiues
d'iceux, & tous autres empeschemens à
ce contraires, & sans attendre de Nous autre plus exprés commandement que ces
presentes, qui vous seruiront de derniere
& finale Iussion; Enjoignans à nostre Procureur general de faire toutes les diligences & requisitions pour ce necessaires, &
nous tenir aduertis du bon deuoir dont il
y aura esté vsé, en sorte que lesdits Officiers n'ayent plus sujet de recourir à
Nous pour ce regard : Car tel est nostre
plaisir. Donné à S. Germain en Laye le
dixseptiéme jour de Nouembre, l'an de
grace, mil six cens trente-sept, & de nostre
regne le vingt-huitiéme. Signé, LOVYS.
Et plus bas, Par le Roy, DE LOMENIE.
Et sellée sur simple queuë du grand seau
de cire jaune.

Extraict des Registres de la Cour des Aydes.

VEV par la Cour les Lettres Patentes du Roy, données à Paris le cinquiéme jour d'Aoust, mil six cens trente-
six. Signées, LOVYS. Et sur le reply, Par
le Roy, DELOMENIE. Scellées sur simple queuë du grand sceau de cire jaune.
Par lesquelles, & pour les causes y conte-
nües, sa Majesté en confirmant à ses Officiers domestiques & Commençaux, ceux
de la Reyne son Espouse & Compagne,
tous & chacuns les Priuileges par sadite
Majesté & ses successeurs Roys, & a eux
cy-deuãt accordez par ses Edicts, Declarations, & Arrests, donnez en leur faueur,
soit en general ou en particulier, mesmes
ces Lettres de confirmation du mois de
Decembre, mil six cens vnze; & en s'expliquant sur iceux, auroit dit & declaré que

son vouloir & intention auoit toûjours
esté, comme il estoit encores à present, que
tous sesdits Officiers, domestiques & Cō-
mençaux, ceux de ladite Dame Reyne, &
leurs veufues, pendant leur viduité, soient
& demeurent exempts & déchargez de
nouueau, du payement des droicts de petite pinte, ou autrement courte-pinte, hui-
riéme & quatriéme souchet, & traicte foraine, peage & passage de leurs Vins, ancien subcide de cinq sols pour muid de
l'entrée d'iceux, &, autres choses proue-
nus de leur creu, soit qu'ils soient vendus & débitez en gros ou détail en leurs
maisons, ou qu'ils les facent transporter
ailleurs où bon leur sembleroit, au dedans
de son Royaume, & terre de son obeïssance, sans qu'à l'aduenir ils puissent estre
recherchez, inquietez, ny poursuiuis, en
quelque sorte que ce soit : Deffendans
tres-expressément aux Fermiers, Sous-fermiers, leurs Associez, Receueurs ou Commis, Maistres des Ports, & Iuges des traictes & impositions foraines, reapreciation

d'icelles,& nouuelles impositions,& à tous autres, sur peine d'amande, & de tous despens,dommages & interests. VEVT sadite Majesté que lesdits Officiers de ladite Dame Reyne jouyssent semblablement de tous & chacuns les Priuileges ,franchises, libertez, cy-deuant accordez à sesdits Officiers par les susdits Edicts, Declarations, Confirmations , & Arrests , encores qu'ils n'y soient particulierement compris,dont sadite Majesté les a releuez & dispensez, ainsi que plus au long le contiennent lesdites Lettres à ladite Cour addressantes, pour la verification & enregistrement d'icelles. Veu lesdits Edicts, Declarations, & Arrests, Conclusions du Procureur general,Arrest de ladite Cour du cinquiéme Septembre, mil six cens trente-six, interuenu sur lesdites Lettres , par lequel elle auroit ordonné , qu'elles seroient regiſtrées au Greffe d'icelle , pour jouyr par lesdits Officiers & Commençaux de la Maison du Roy & de la Reyne,qui se trouueroient couchez & employez dans les

Estats, enuoyez & receus en ladite Cour,
de l'effet y contenu, ainsi que font les Nobles & Ecclesiastiques de ce Royaume,
sans qu'ils puissent pretendre aucune exé-
ption du droict de courte-pinte, ny de
toutes autres leuées de deniers qui se feront esdites Villes de ce Royaume, pour
les reparations des chemins, Ponts, &
Chaussées, Maisons de la Santé qu'il sera
besoin de construire pour la commodité
d'icelles, & autres leuées de pareille nature : Autres Lettres Patentes de sa Majesté en forme de Iussion sur ledit Arrest,
données à Senlis le seiziéme Septembre,
mil six cens trente-six. Signées, LOVYS. Et
plus bas, Par le Roy, BOVTHILLIER.
Sellées sur simple queüe du grand seau de
cire jaune. Par lesquelles sa Majesté auroit
mandé à ladite Cour, que nonobstant son
Arrest dudit jour cinquiéme dudit mois,
les causes motiues d'iceluy, & toutes autres choses à ce contraires, elle ayt à proceder à l'enregistrement de ses Lettres en
forme de Declaratiõ du cinquiéme Aoust

audit an, purement & simplement, sãs
attendre vn plus exprés commandement,
qui seruiroit de finale Iussion. Autre Arrest de ladite Cour du vingt-quatriéme
dudit mois de Septembre, par lequel elle
auroit ordonné, que tres-humbles Remõ-
strances seroient faites au Roy sur l'importance des Priuileges accordez ausdits
Officiers par lesdites Lettres. Autres Lettres Patentes du Roy, données à S. Maur
des Fossez le septiéme jour d'Octobre
dernier. Signées, Lovys. Et sur le reply,
Par le Roy, Delomenie. Sellées sur simple queuë de cire jaune. Par lesquelles sadite Majesté veut, & tres-expressément
enjoinct à ladite Cour, que sans s'arrester
à ses Remonstrances, qu'elle tenoit pour
faites & entenduës, elle eust à proceder
tout incontinent à la verissication & enregistrement desdites Lettres de Declaration du cinquiéme Aoust, mil six cens
trente-six, selon leur forme & teneur, sans
y apporter d'auantage de longueur, ny
aucune restrinction, modissication, ny difficulté

culté quelconque, nonobſtant ledit Arreſt, les cauſes motiues d'iceluy, & toutes autres choſes à ce contraires, & ſans attendre de ſadite Majeſté autre plus exprés commandement que leſdites Lettres, qu'elle vouloit ſeruir à ladite Cour de finale & derniere Iuſſion. Autre Arreſt de ladite Cour du vingt-ſeptiéme dudit mois d'Octobre dernier, interuenu ſur leſdites Lettres, par lequel elle auroit dit qu'elle ne pouuoit ſe départir de ſes Arreſts des cinq Septembre, mil ſix cens trente-ſix, & vingt-quatre Septembre, mil ſix cens trente-ſept. Autres Lettres Patentes de ſadite Majeſté, données à S. Germain en Laye le dix-ſept Nouembre enſuiuant. Signées, LOVYS. Et plus bas, Par le Roy, DE LOMENIE. Et ſellées du grand ſeau de cire jaune. Par leſquelles ſadite Majeſté mande tres-expreſſément à ladite Cour, & cette fois pour toutes, qu'elle ait à proceder inceſſamment à la publication & enregiſtrement des ſuſdites Lettres de Declaration, dudit jour cinquiéme Aouſt,

E

mil six cens trente-six, selon leur forme &
teneur, sans plus y apporter de longueur,
difficulté, modiffication, ny restrinction
quelconques, non obstant les susdits Arrests, les causes motiues d'iceux, & tous
autres empeschemens à ce contraires, &
sans attendre vn plus exprés commandement que lesdites Lettres, qui seruiroient de finale Iussion: Auec injonction
audit Procureur general de faire toutes
les diligences & requisitions pour ce necessaires, & d'aduertir sadite Majesté du
bon deuoir qu'il y auroit esté vsé, en sorte
que lesdits Officiers n'ayent plus sujet de
recourir vers elle pour ce regard. VEV
toutes lesdites Lettres, Arrests, Ordon-
nances, & les Conclusions dudit Procureur general: Le tout côsideré; LA COVR,
du tres-exprés commandement du Roy,
a ordonné & ordonne lesdites Lettres en
forme de Iussion & de Declaration, estre
veriffiées & regiftrées au Greffe d'icelle,
pour jouyr par les Officiers couchez &
employez dans l'Estat de la Maison du

Roy, & dans celuy de la Maison de la Reyne, enuoyez en la Cour, & receus par icelle, ensemble leurs vesues, pendant leur viduité, des priuileges, franchises, & exemptions portées par lesdites Lettres, tant &
si longuement qu'ils ne feront acte dérogeant à leursdits Priuileges, & sans neantmoins que lesdits Officiers puissent pretendre aucune exemption des contributions qui se feront pour le faict de la Contagion, entretien des pauures, & fortifica-
tion des lieux esquels ils sont demeurans.
Prononcé le vnziéme jour de Decembre,
mil six cens trente-sept.

Signé,　　　BOVCHER.

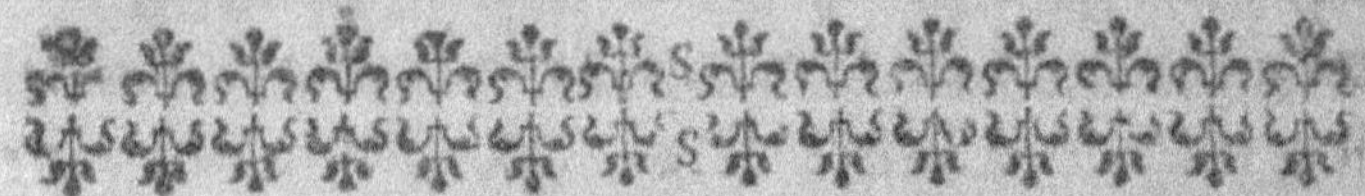

QVATRIÉME IVSSION.

LOVYS par la grace de Dieu, Roy de France & de Nauarre ; A nos amez & feaux Conseillers les gens tenans nostre Cour des Aydes à Paris ; Salut. Nous estimions vous auoir assez fait cognoistre par trois diuerses Iussions, ce qui estoit de nostre volonté, sur l'enregistrement de nos Lettres de Declaration du cinquiéme iour d'Aoust, mil six cens trente-six, concernans aucuns Priuileges & exemptions de nos Officiers, domestiques & Commençaux, & ceux de la Reyne, nostre tres-chere Espouse: Toutesfois au lieu de proceder à la veriffication pure & simple de nosdites Lettres, ainsi qu'il vous estoit mandé par icelles: Par vostre Arrest du vnziéme iour du present mois de Decembre, vous auez entre

autres choſes ordonné, que leſdits Officiers, & leurs veſues, pendant leur viduité,
jouyront des priuileges, franchiſes, & exẽ-
ptions portées pas leſdites Lettres, ſans
neantmoins qu'ils puiſſent pretendre aucune exemption des contributions qui ſe
feront pour le faict de la Contagion, entretien des pauures, & fortiffication des
lieux où ils ſont demeurans, encores que
par noſdites Lettres de Declaration il ne
ſoit fait aucune mention deſdites contributions à faire pour la Contagion & entretien des pauures, ſe ſouſmettant leſdits
Officiers d'y ſatisfaire à leur égard : Mais
quand à celle des fortiffications, quoy
qu'il n'en ſoit fait auſſi aucune mention,
comme ne leur eſtant conteſtée : Neantmoins ils ont notable intereſt d'en faire
leuer la modiffication, d'autant qu'ils y
pourroient cy-apres eſtre troublez, en
conſequence de voſtre-dit Arreſt ; Ioinct
que s'il auoit lieu, ſeroient priuez de l'effet de noſdites Lettres de Declaration, en
ce que la pluſpart des deniers prouenans

des subcides & impositions, dont ils sont
declarez exempts par icelles, sont en par-
tie destinez & employez aux fortifficatiōs
& reparations des murailles des Villes.
A CES CAVSES, voulans que nosdits
Officiers jouyssent entierement de l'effet
& contenu en nosdites Lettres de Declaration cy attachées sous nostre contre-sel.
Nous vous mandons & ordōnons par ces
presētes, signées de nostre main, que vous
ayez à leuer & oster la modiffication portée par vostre-dit Arrest du vnziéme du
present mois, en ce qui concerne la contribution des fortiffications seullement,
sās que nosdits Officiers puissent pretēdre
l'exemption de celles qui se feront pour
le faict de la Contagion, & entretien des
pauures, à quoy ils seront tenus de satisfaire à leur égard, & non à la contribution
desdites fortiffications, nonobstant vostre-
dit Arrest qüe ne voulons leur nuire ne
prejudicier, ny autres choses à ce contraires : Car tel est nostre plaisir. Donné à S.
Germain en Laye le vingt-quatriéme

jour de Decembre, l'an de grace mil six
cens trente-sept. Et de nostre regne le
vingt-huitiéme. Signé, LOVYS. Et plus
bas, Par le Roy, BOVTHILLIER. Et sellée
du grand sceau de cire jaune.

Extraict des Registres de la Cour des Aydes.

VEV par la Cour les Lettres Patentes du Roy, données à Paris le cinquiéme jour d'Aoust, mil six cens trente-
six. Signées, LOVYS. Et sur le reply, Par
le Roy, DELOMENIE. Scellées sur simple queuë du grand sceau de cire jaune.
Par lesquelles, & pour les causes y contenuës, sa Majesté en confirmant à ses Officiers domestiques & Commençaux, ceux
de la Reyne son Espouse & Compagne,
tous & chacuns les Priuileges par sadite
Majesté & ses predecesseurs Roys, a eux
cy-deuant accordez par ses Edicts, Decla-

rations, & Arrests, donnez en leur faueur,
soit en general ou en particulier, mesmes
les Lettres de Confirmation du mois de
Decembre, mil six cens vnze; & en s'expliquant sur iceux, auroit dit & declaré que
son vouloir & intention auoit toûjours
esté, comme il estoit encores à present, que
tous sesdits Officiers, domestiques & Cō-
mençaux, ceux de ladite Dame Reyne, &
leurs veufues, pendant leur viduité, soient
& demeurent exempts & déchargez de
nouueau, du payement des droicts de petite pinte, ou autrement courte-pinte, huitiéme & quatriéme soucher, & traicte foraine, peage & passage de leurs Vins, ancien subcide de cinq sols pour muid de
l'entrée d'iceux, & autres choses proue-
nus de leur creu, soit qu'ils soient vendus
& débitez en gros ou en détail en leurs
maisons, ou qu'ils les facent transporter
ailleurs où bon leur sembleroit, au dedans
de son Royaume, & terre de son obeïssance, sans qu'à l'aduenir ils puissent estre
recherchez, inquietez, ny poursuiuis, en
quelque

quelque sorte que ce soit : Deffendant tres-expreſſément aux Fermiers, Sous-fermiers, leurs Aſſociez, Receueurs ou Commis, Maiſtres des Ports, & Iuges des traictes & impoſitions foraines, reapreciation d'icelles, & nouuelles impoſitions, & à tous autres, ſur peine d'amande, & de tous deſpens, dommages & intereſts. V E V T ſadite Majeſté que les Officiers de ladite Dame Reyne jouyſſent ſemblablement de tous & chacuns les Priuileges, franchiſes, libertez, cy-deuant accordez à ſeſdits Officiers par les ſuſdits Edicts, Declarations, Confirmations, & Arreſts, encores qu'ils n'y ſoient particulierement compris, dont ſadite Majeſté les a releuez & diſpenſez, ainſi que plus au long le contiennent leſdites Lettres à ladite Cour addreſſantes, pour la veriffication & enregiſtrement d'icelles. Veu leſdits Edicts, Declarations, & Arreſts, Concluſions du Procureur general, Arreſt de ladite Cour du cinquiéme Septembre, mil ſix cens trente-ſix, interuenu ſur leſdites Lettres, par lequel elle auroit ordonné, qu'elles ſeroient enre-

F

giſtrées au Greffe d'icelle , pour jouyr par
leſdits Officiers & Commençaux de la
Maiſon du Roy & de la Reyne, qui ſe trou-
ueront couchez & employez dans les
Eſtats, enuoyez & reccus en ladite Cour,
de l'effet y contenu, ainſi que font les Nobles & Eccleſiaſtiques de ce Royaume,
ſans qu'ils puiſſent pretendre aucune exé-
ption du droict de courte-pinte , ny de
toutes autres leuées de deniers qui ſe feront eſdites Villes de ce Royaume, pour
les reparations des chemins, Ponts, &
Chauſſées, Maiſons de la Santé qu'il ſera
beſoin de conſtruire pour la commodité
d'icelles, & autres leuées de pareilles na-
tures : Autres Lettres Patentes de ſa Majeſté en forme de Iuſſion ſur ledit Arreſt,
données à Senlis le ſeiziéme Septembre,
mil ſix cens trente-ſix. Signées, LOVYS. Et
plus bas, Par le Roy, BOVTHILLIER.
Sellées ſur ſimple queüe du grand ſeau de
cire jaune. Par leſquelles ſa Majeſté auroit
mandé à ladite Cour, que nonobſtant ſon
Arreſt, dudit jour cinquiéme dudit mois,
les cauſes motiues d'iceluy, & toutes au-

tes choses à ce contraires, elle ayt à proceder à l'enregiſtrement de ſes Lettres en
forme de Declaratiõ du cinquiéme Aouſt
audit an, purement & ſimplement, ſans
attendre vn plus exprés commandement,
qui ſeruiroit de finale Iuſſion. Autre Arreſt de ladite Cour du vingt-quatriéme
dudit mois de Septembre, par lequel elle
auroit ordonné, que tres-humbles Remõ-
ſtrances ſeroient faites au Roy ſur l'importance des Priuileges accordez auſdits
Officiers par leſdites Lettres. Autres Lettres Patentes du Roy, données à S. Maur
des Foſſez le ſeptiéme jour d'Octobre
dernier. Signées, L o v y s. Et ſur le reply,
Par le Roy, DELOMENIE. Sellées ſur ſimple queuë de cire jaune. Par leſquelles ſadite Majeſté veut, & expreſſément enjoinct à ladite Cour, que ſans s'arreſter
à ſes Remonſtrances, qu'elles tenoit pour
faites & entenduës, elle ayt à proceder
tout incontinent à la verification & enregiſtrement deſdites Lettres de Declaration du cinquiéme Aouſt, mil ſix cens
trente-ſix, ſelon leur forme & teneur, ſans

y apporter d'auantage de longueur , &
aucune reftinction, modiffication, ny difficulté quelconque, nonobftant ledit Arreft, les caufes motiues d'iceluy , & toutes
autres chofes à ce contraires, & fans attendre de fadite Majefté autre plus exprés
commandement que lefdites Lettres,
qu'elle vouloit feruir à ladite Cour de finale & derniere Iuffion. Autre Arreft de
ladite Cour du vingt-feptiéme dudit mois
d'Octobre dernier , interuenu fur lefdites
Lettres, par lequel elle auroit dit qu'elle
ne pouuoit fe départir de fes Arrefts des
cinq Septembre, mil fix cens trente-fix, &
vingt-quatre Septembre, mil fix cens tren-
te-fept. Autres Lettres Patentes de fadite
Majefté, données à S. Germain en Laye le
dix-fept Nouembre enfuiuant. Signées,
L o v y s. Et plus bas, Par le Roy, Du-
L O M E N I E. Sellées du grand feau de
cire jaune. Par lefquelles fadite Majefté
mande tres-expreffément à ladite Cour,
& cette fois pour toutes, qu'elle euft à proceder inceffamment à la publication &
enregiftrement des fufdites Lettres de

Declaration, dudit jour cinquiéme Aouſt, mil ſix cens trente ſix, ſelon leur forme & teneur, ſans plus y apporter de longueur, difficulté, modiffication, ny reſtrinction quelconques, nonobſtant les ſuſdits Ar-reſts, les cauſes motiues d'iceux, & tous autres empeſchemens à ce contraires, & ſans attendre vn plus exprés commande-ment que leſdites Lettres, qui ſerui-roient de finale Iuſſion: Auec injonction audit Procureur general de faire toutes les diligences & requiſitions pour ce ne-ceſſaires, & d'aduertir ſadite Majeſté du bon deuoir qu'il y auroit eſté vſé, en ſorte que leſdits Officiers n'ayent plus ſujet de recourir vers elle pour ce regard. V E V routes leſdites Lettres, Arreſts, Ordon-nances, & les Concluſions dudit Procu-reur general : Autre arreſt de ladite Cour du vnziéme Decembre, mil ſix cens trente ſept, par lequel du tres-exprés comman-dement du Roy, auroit eſté ordonné leſ-dites Lettres en forme de Iuſſion & de De-claration, eſtre veriffiées & enregiſtrées au Greffe d'icelle, pour jouyr par les Offi-

ciers couchez & employez dans l'Estat
de la Maison du Roy, & dans celuy de la
Maison de la Reyne, enuoyez en ladite
Cour, & receus par icelle, ensemble leurs
vefues, pendant leur viduité, des priuileges, franchises, & exemptions portées par
lesdites Lettres, tant & si longuemét qu'ils
ne feroiét acte dérogeant à leursdits Priuileges, & sans neantmoins que lesdits Officiers peussent pretendre aucune exemption des contributions qui se feroient
pour le faict de la Contagion, entretien
des paiures, & fortifications des lieux esquels ils estoiét demeurans. Autres Lettres
Patentes en forme de Iussion sur ledit
Arrest, données à S. Germain en Laye
le vingt-quatriéme Decembre audit an.
Signées, LOVYS. Et plus bas, Par le
Roy, BOVTHILLIER. Et sellées du
grand seau de cire jaune. Par lesquelles est
mandé à ladite Cour, qu'elle ayt à leuer &
oster la modiffication portée par le susdit
Arrest, dudit jour vnziéme dudit mois, en
ce qui concerne la contribution des fortiffications seullement, sans que lesdits Offi-

ciers puissent pretendre l'exemption de
celles qui se feroient pour le faict de la
Contagion, & entretien des pauures ; à
quoy ils seroient tenus de satisfaire à leur
égard, & non à la contribution des fortiffications : Conclusions dudit Procureur general : Le tout consideré ; LA COVR a
ordonné & ordonne lesdites Lettres en
forme de Declaration, & de Iussions, estre
registrées au Greffe d'icelle, pour jouyr
par les Officiers couchez & employez dãs
les Estats des Maisõs du Roy & de la Reyne, enuoyez en ladite Cour, & receus au
Greffe d'icelle, ensemble leurs vefues, pé-
dant leur viduité, des priuileges, franchises, & exéptions portées par lesdites Lettres, tant & si longuement qu'ils ne feront
actes dérogeans à leursdits Priuileges, &
sans neantmoins que lesdits Officiers puissent pretédre aucune exemption des contributions qui se feront pour le faict de la
Contagion, & entretien des pauures. Prononcé le quatriéme jour de Ianuier, mil
six cens trente-huit.

    Signé,   BOVCHER.

Registrées en la Cour des Aydes. Ouy
le Procureur general du Roy, pour jouyr
par les Officiers couchez & employez
dans les Estats des Maisons du Roy &
de la Reyne, enuoyez en ladite Cour, & receus au Greffe d'icelle, ensemble leurs vefues, pendant leur viduité, des priuileges,
franchises, & exemptions portées par lesdites Lettres, tant & si longuement qu'ils
ne feront actes dérogeans à leursdits Priuileges, & sans neantmoins que lesdits
Officiers puissent pretedre aucune exemption des contributions qui se feront pour
le faict de la contagion & entretien des
pauures, suiuant l'Arrest du jour d'huy.
Donné à Paris le quatriéme jour de Ianuier, mil six cens trente-huit.
Signé,   BOVCHER.

Collationné aux originaux par moy Con-
seiller, Secretaire du Roy & de ses Finances.